BEI GRIN MACHT SICH IHR WISSEN BEZAHLT

- Wir veröffentlichen Ihre Hausarbeit, Bachelor- und Masterarbeit

- Ihr eigenes eBook und Buch - weltweit in allen wichtigen Shops

- Verdienen Sie an jedem Verkauf

Jetzt bei www.GRIN.com hochladen und kostenlos publizieren

Empowerment in der stationären Behindertenhilfe. Möglichkeiten und Grenzen

H. Graf

Bibliografische Information der Deutschen Nationalbibliothek:

Die Deutsche Nationalbibliothek verzeichnet diese Publikation in der Deutschen Nationalbibliografie; detaillierte bibliografische Daten sind im Internet über http://dnb.d-nb.de abrufbar.

ISBN: 9783389089460
Dieses Buch ist auch als E-Book erhältlich.

© GRIN Publishing GmbH
Trappentreustraße 1
80339 München

Alle Rechte vorbehalten

Druck und Bindung: Books on Demand GmbH, Norderstedt Germany
Gedruckt auf säurefreiem Papier aus verantwortungsvollen Quellen

Das vorliegende Werk wurde sorgfältig erarbeitet. Dennoch übernehmen Autoren und Verlag für die Richtigkeit von Angaben, Hinweisen, Links und Ratschlägen sowie eventuelle Druckfehler keine Haftung.

Das Buch bei GRIN: https://www.grin.com/document/1518275

Möglichkeiten und Grenzen des Empowerments in der stationären Behindertenhilfe.

Seminararbeit

Modul: Soziale Arbeit als Disziplin und Profession

Vorgelegt am: 29.2.24

Studiengang: Soziale Arbeit

Studienrichtung: Rehabilitation

Inhaltsverzeichnis

1 Einleitung 1
2 Empowerment 1
3 Behinderung 4
4 Möglichkeiten und Grenzen 6
   4.1 Ressourcendiagnostik 10
5 Fazit 11
Literaturverzeichnis 13

1 Einleitung

Unterschätzung, Herabsetzung und Diskriminierung. All diese Begriffe beschreiben entscheidende Umstände der Lebenswelt von Menschen mit Behinderung. Unterschätzung muss hierbei keinesfalls auf schlechtem Willen beruhen. Es kann sich hierbei auch schlicht um die Schutzreaktion eines überforderten Elternteils bedingt durch die Behinderung seines Kindes handeln. Anstatt jedoch nun das eigene Kind auf die Herausforderung des Lebens mit Behinderung vorzubereiten, wird es stattdessen in Watte gehüllt und möglichst abgeschirmt großgezogen. Wichtige Erfahrungen und Erlebnisse können nie verbucht werden, der Aufbau von Eigenständigkeit kann durch das konstante Abschirmen nie erreicht werden. Der betroffene Mensch findet sich so im Erwachsenenalter völlig abhängig von seinen Eltern und ausgeliefert seiner Umwelt wieder, denn er hat nie gelernt diese handzuhaben. Es treten Überforderung und Machtlosigkeit ein - plötzlich sind all jene Vorurteile, die über das Kind gefällt wurden, bevor es eine Chance bekam sich zu beweisen zur Wahrheit geworden. Wie kann es dem Menschen gelingen, sich aus dieser von Machtlosigkeit geprägten Lebenslage zu befreien? Und selbst wenn dies möglich sei, wie kann ein potenzieller Rückfall verhindert werden? Für jene hochpräsenten Fragen der Sozialen Arbeit erweist sich das Empowerment-Konzept als wichtiges Werkzeug. Es stellt sich jedoch die Frage: „Worin bestehen die Möglichkeiten und Grenzen des Empowerments in der stationären Behindertenhilfen?" Um dies zu beantworten, möchte ich zuerst das Empowerment-Konzept an sich beleuchten: Woher stammt es und was hat es zum Ziel? Zudem gilt es zu klären, welche Stellung das Thema Behinderung in unserer Gesellschaft einnimmt, um sich anschließend mit einigen ausgewählten Beispielen unter dem Aspekt der Möglichkeiten und Grenzen des Empowerments näher auseinanderzusetzen. Zum Schluss will ich im Fazit Schlussfolgerung ziehen.

Diese Seminararbeit verwendet das generische Maskulinum. Personenbeschreibungen beziehen alle Geschlechter mit ein, sofern dies nicht anders angegeben.

2 Empowerment

Aus dem angloamerikanischen Sprachraum importiert und wortwörtlich übersetzbar mit „Selbstbefähigung", „Selbstbemächtigung", oder „Stärkung von Eigenmacht und Autonomie", erfreut sich das Konzept des Empowerments allgegenwärtiger Präsenz innerhalb des wissenschaftlichen Diskurses der Sozialen Arbeit. Doch wird dieser Diskurs in ‚vielen Zungen' geführt und gestaltet sich dementsprechend uneindeutig. Zwar hat dies den förderlichen Mehrwert des Verbreitens und Aufgreifens des Konzepts inne, doch erschwert es ebenso die

Einigung auf sich deckende Interpretationen und verhindert somit eine Präzisierung von Theorie und Praxis (Vgl. Herriger, 2010, S.14). Einen Blick auf diesen stetigen Diskurs gewährt Norbert Herriger durch seine Aufarbeitung von vier Zugängen, anstatt einer einheitlichen Definition:

Der erste Zugang nimmt hierbei eine politisch buchstabierte Charakteristik ein: „Power", als zentraler Bedeutungsbestand kann mit „politischer Macht" übersetzt werden – in einen Kontext gesetzt, handelt es sich in diesem Sinne um eine strukturell ungleiche Verteilung von politischer Macht sowie Einflussnahme. „In politischer Definition bezeichnet Empowerment so einen konflikthaften Prozess der Umverteilung von politischer Macht, in dessen Verlauf Menschen oder Gruppen von Menschen aus einer Position relativer Machtunterlegenheit austreten und sich ein Mehr an demokratischem Partizipationsvermögen und politischer Entscheidungsmacht aneignen" (Herriger, 2010, S.14). Dieser politische Kontext des Zugangs ist auf den historischen Hintergrund von Bürgerrechts- und Emanzipationsbewegungen zurückzuführen, deren Gemeinsamkeit darin besteht, eine Bemächtigung der Ohnmächtigen zu erzielen. Dieser Einsatz für ethische und soziale Minderheiten nimmt in Bezug auf Letzteres eine wichtige Rolle ein, da es sich bei Menschen mit Behinderung ebenfalls um eine soziale Minorität handelt (Vgl. Cloerkes, 2007, S. 36). Dieser Aspekt der Seminararbeit soll im Zuge des Unterpunktes „Behinderung" näher beleuchtet werden.

Der zweite Ansatz definiert Empowerment als lebensweltlich buchstabiert. Blicken wir erneut auf den Terminus, so zeigt sich, dass auch „Stärke", „Kompetenz", „Durchsetzungskraft" und „Alltagsvermögen" valide Antworten auf die komplexe Übersetzungsfrage beinhalten. Im lebensweltlichen Sinne sieht Empowerment somit die menschliche Selbstbewältigung eines nach eigenen Maßstäben als erfolgreich bewerteten Lebens trotz unvorhersehbarer Barrieren der alltäglichen Umwelt. Im Gegensatz zum politischen Zugang, welcher sich eher auf Gruppierungen fokussiert, stellt der lebensweltliche Zugang Bezug zum individuellen Leben her. Dieser individuelle Bezug ist nach wie vor von großer Relevanz für die Soziale Arbeit mit behinderten Menschen, da deren Lebenswelt geprägt ist von physischen, psychischen und seelischen Einschränkungen. Diese Einschränkungen stehen stets im Zeichen einer Fremdbestimmung durch die alltäglichen, lebensweltlichen Bestimmungen und wirkend entmächtigend auf betreffende Personen. Das Empowerment-Konzept kann hierbei das Individuum dabei unterstützen, die eingebüßte Macht zurückzuerlangen. Dieser Aspekt soll unter dem Punkt „Möglichkeiten" in einem späteren Teil dieser Arbeit aufgegriffen werden.

Der reflexive Zugang ist ebenfalls individualbetont und sieht in sich den aktiven Aneignungsvorgang von Macht, Kraft und Kontrolle durch jene Individuen, welche selbst durch Machtlosigkeit betroffen sind. Es wird ein Wandel des Menschen aus lähmender Passivität und Bevormundung in aktive Selbstbestimmung vollzogen, vor dem Hintergrund der Selbsthilfe- und Organisation. Die Charakteristik dieser Form der Selbsthilfe kann beispielsweise in Selbsthilfegruppen erkannt werden. Diese stehen im Gegensatz zu einer entmündigenden Fürsorge des Staates, welcher sinnbildlich von außen auf betroffene Individuen wirkt. Stattdessen setzen Selbsthilfegruppen auf einen gegenseitigen Austausch von Erfahrungen mit dem Ziel Mut zum Eigenwandel zu schaffen und dementsprechend - anders als der Staat – innerlich zu wirken.

Auch der transitive Zugang zielt auf einen Wandel in die Selbstbestimmung, jedoch steht hierbei die unterstützende und fördernde Funktion anderer Personen bezüglich des Betroffenen im Fokus. Es wird ersichtlich, dass dieser Zugang insbesondere für die Soziale Arbeit von großer Relevanz ist, da die fachpersonale Arbeit von diesem Aspekt stark betroffen ist. „Empowerment ist in diesem transitiven Wortsinn programmatisches Kürzel für eine psychosoziale Praxis, deren Handlungsziel es ist, Menschen vielfältige Vorräte von Ressourcen für ein gelingendes Lebensmanagement zur Verfügung zu stellen, auf die diese ‚bei Bedarf' zurückgreifen können, um Lebensstärke und Kompetenz zur Selbstgestaltung der Lebenswelt zu gewinnen" (Herriger, 2010, S.17). Stellt man einen Bezug zur Behindertenhilfe her, so wird ersichtlich, dass beispielsweise geistig behinderte Menschen sich nicht über sämtliche ihnen zur Verfügung stehenden Ressourcen im Klaren sind. Es ist dementsprechend wichtig, diesen Menschen eine Abrufung ihrer Möglichkeiten zu schaffen. Menschen mit geistiger Behinderung sehen sich oftmals mit dem Vorurteil konfrontiert, sie seien nicht fähig dazu bestimmten Tätigkeiten nachzugehen. Man nehme als Beispiel den Botengang zu einer naheliegenden Apotheke durch einen Bewohner einer Wohnanlage für Menschen mit geistiger Behinderung. Durch die ihn betreffenden Vorurteile und Behandlungen anderer Menschen verfügt der Bewohner nur über ein geringes Selbstwertgefühl und traut sich daraus resultierend den kurzen Botengang nicht zu, obwohl es im Rahmen seines Schaffensraumes liegen würde. Es gilt nun den Bewohner auf seine Fähigkeiten aufmerksam zu machen und diese zu aktivieren. Die genauere Anwendung des Empowerment-Konzeptes wird in einem folgenden Gliederpunkt dieser Arbeit aufgegriffen.

Es zeigt sich, dass Empowerment-Prozesse innerhalb des Spannungsverhältnisses der Selbst- und Fremdbestimmung, sowie von Autonomie und Abhängigkeit ablaufen. Ebenso wird ersichtlich, dass das Abrufen von Ressourcen einen hohen Stellenwert für die Arbeit mit behinderten Menschen darstellt (Vgl. Lindmeier; Lindmeier, 2012, S.162). In Betrachtung der vier Zugänge soll im Folgenden eine Arbeitsdefinition des Empowerment-Konzepts formuliert werden: Empowerment beschreibt den Herstellungsprozess von Selbstbestimmung über die Umstände des eigenen Lebens. Genannte Umstände können unter anderem außerhalb der eigenen Kontrolle stehen, doch ermöglicht Empowerment es dem betroffenen Individuum diese trotzdem zu bewältigen. Somit wird Selbstbestimmung ermöglicht und Fremdbestimmung reduziert (Vgl. Herriger, 2010, S.20). Menschen mit Behinderung sehen sich jener Fremdbestimmung verstärkt ausgesetzt. Um die Möglichkeiten und Grenzen des Empowerment-Konzeptes bezüglich dieser Menschen zu ergründen, gilt es zuerst ein Verständnis für den Begriff von Behinderung zu entwickeln und die Rolle von Menschen mit Behinderung innerhalb unserer Gesellschaft zu verstehen.

3 Behinderung

Laut Zahlen des statistischen Bundesamtes lebten im Jahr 2022 mindestens 7,8 Millionen Menschen mit Behinderung in Deutschland. Die Schwerbehindertenquote wiederum lag bei 9,4% (Statistisches Bundesamt). Diese Zahlen mögen für den einen erstaunlich hoch, für den anderen erstaunlich niedrig wirken. Eine Erklärung: Es existiert keine allgemeingültige, rechtsverbindliche Definition des Behindertenbegriffs. Dies bedingt sich aus der hohen Differenz von sozialen und kulturellen Normen, bezüglich der gesellschaftlichen Ansichten zu Behinderung. Tatsächlich verursacht diese Unstimmigkeit oftmals eine niedrigere Anzahl an statistisch erfassten Menschen mit Behinderung, als es der Wirklichkeit entspricht. Im Folgenden sollen mehrere Definitionsansätze beleuchtet werden, um ein Verständnis für den Begriff der Behinderung zu schaffen:

Das SGB IX definiert den Begriff wie folgt: „(§ 2 Abs. 1 SGB IX): „Menschen mit Behinderungen sind Menschen, die körperliche, seelische, geistige oder Sinnesbeeinträchtigungen haben, die sie in Wechselwirkung mit einstellungs- und umweltbedingten Barrieren an der gleichberechtigten Teilhabe an der Gesellschaft mit hoher Wahrscheinlichkeit länger als sechs Monate hindern können." Entgegen dieser juristischen Definition setzt sich in der internationalen Politik vermehrt der „soziale" Definitionsansatz durch. Dieser sieht die Behinderung mehr innerhalb der Umweltbarrieren und negativen Einstellungen von Mitmenschen als in individuellen Eigenschaften wie etwa körperlicher oder geistiger Beeinträchtigungen. Genannte Barrieren sind die Ursachen für die verhinderte allumfängliche Teilhabe betroffener Menschen: „Man ist nicht behindert, man wird behindert"

(Statistisches Bundesamt). Jene Barrieren lassen sich unter der Fragestellung, ob es sich bei Menschen mit Behinderung um eine Minorität handelt, gut aufzeigen.

Günther Cloerkes zählt Behinderung zu einem der größten sozialen Probleme Deutschlands und Menschen mit Behinderung zu einer Minorität. Wie kann dies trotz ihrer hohen Anzahl der Fall sein? Die Beantwortung dieser Frage und ihre anschließende Relevanz erfordert die Anschauung unterschiedlicher theoretischer Auffassungen – doch vorangestellt: Was ist ein „soziales Problem"? „Der Begriff „soziales Problem" ist eine Sammelbezeichnung für eine Vielzahl unterschiedlicher gesellschaftlicher Erscheinungen, denen immer eine Diskrepanz zwischen sozialen Standard oder Wertvorstellungen und der Realität bzw. den unterschiedlichen Abläufen zugrunde liegt" (Cloerkes, 2007, S. 18). Es bezieht sich auf gesellschaftliche Verhältnisse und ist daher „sozial". Die Einschätzung sozialer Probleme ist ebenso relativ wie die Definition von „Behinderung", was – wie zu Beginn erläutert - starke interkulturelle Unterschiede in ihrer Einschätzung mit sich bringt. Es lässt sich hieraus ableiten, dass „soziale Probleme" erst entstehen, wenn sie als solche definiert werden und die Formulierung einer Definition setzt ein Interesse voraus. Es handelt sich dementsprechend um ein Phänomen, welches mit Machtstrukturen zu tun hat – und zahlreiche Problemgruppen verfügen von Natur aus nur über geringe Machtressourcen – man blicke auf den zuvor erläuterten politisch buchstabierten Zugang des Empowerment-Konzepts (Vgl. Cloerkes, 2007, S. 19). Nun zur Frage, ob es sich bei Menschen mit Behinderung um eine Minorität handeln kann.

Der Minoritätstheorie R.G. Barkers folgend sind Menschen mit Behinderung unterprivilegiert. Als Beispiel hierfür können der Ausschluss aus sozial hochbewerteten Aktivitäten wie etwa im Beruf oder auch dem Freizeitbereich herangezogen werden (RG. Barker, 1948, S. 31ff. in Cloerkes, 2007, S. 35). Des Weiteren verursacht die Überschneidung der Lebenswelten von Menschen mit und solchen ohne Behinderung zu sogenannten „overlapping situations", welche mit Rollenerwartungen an den behinderten Menschen gekennzeichnet sind: zum einen wird die Erwartungshaltung erhoben, dass sich der Mensch mit Behinderung seiner Rolle vorangestellten Vorurteilen nach verhält, zum anderen versucht er jedoch selbst sich entsprechend „gesellschaftlicher Normen" zu verhalten. Dieser Konflikt birgt eine verstärkende Unsicherheit für den Betroffenen. Safilios-Rothschild führt an, dass Menschen mit Behinderung – so wie anderen Minderheiten – ein gesonderter Platz innerhalb der meisten Gesellschaften eingeräumt werden. Hierbei können Sondereinrichtungen genannt werden, welche zwar das Zusammenleben zwischen den behinderten Menschen fördern, jedoch gleichzeitig zu deren Isolation vom Rest der Gesellschaft beitragen. Dies fördert ebenfalls die Kontaktvermeidung und die Etablierung von sozialer und räumlicher Distanz zwischen Menschen mit Behinderung in Sondereinrichtungen und eben jenen, welche nicht von genannten Aspekten betroffen sind (Safilios-Rothschild, 1970, S. 110 ff. in Cloerkes, 2007, 36). Auf diesen Punkt möchte ich im folgenden Punkt der stationären Behindertenhilfe eingehen. Cloerkes fasst den Diskurs folgendermaßen zusammen: „Die Ähnlichkeiten mit anderen Minoritäten überwiegen: Isolationstendenzen, Zuschreibung von Minderwertigkeit, Rationalisierung, diskriminierender Reaktionen, Generalisierung vom Gruppenmerkmal auf die ganze Person (Vgl. Cloerkes, 2007, S. 36.).

All jene Aspekte veranschaulichen die Barrieren der Umwelt, durch welche Menschen mit Behinderung konfrontiert werden. Es zeigt sich, dass betroffene Personen in ihrer Lebenswelt „behindert" werden und das Wirken anderer Menschen einen großen Teil dazu beiträgt. Da nun geklärt wurde, was unter dem Begriff der „Behinderung" verstanden werden kann und ebenso das Konzept des Empowerments beleuchtet wurde, sollen anschließend beide Teile zusammengebracht und die Möglichkeiten und Grenzen von Empowerment für Menschen mit Behinderung aufgezeigt werden. Natürlich können durch den Rahmen dieser Seminararbeit bedingt nicht alle dieser Aspekte behandelt werden, stattdessen erfolgt eine Auswahl einzelner, welche ebenso einen Bezug auf die stationäre Behindertenhilfe zulassen.

4 Möglichkeiten und Grenzen

Der folgende Punkt stellt den umfangreichsten Teil der Arbeit dar. Aus Zwecken der Struktur und Verständlichkeit folgt eine kurze Erläuterung dessen, was folgt. Zuerst möchte ich auf die stationäre Behindertenhilfe in Deutschland eingehen, danach auf „Motivational Interviewing" und Ressourcendiagnostik. All dies geschieht unter Einbeziehung des Empowerment-Konzepts und schließt – so wie zuvor - auch Schlussfolgerungen meinerseits zu Möglichkeiten und Grenzen der aufgeführten Aspekte ein.

In Deutschland gibt es eine Vielzahl an unterschiedlichen stationären Wohnformen, die wohl prominenteste und auch innerhalb der Bundesrepublik am weitesten verbreitete Form stellen hierbei Wohnheime oder ihnen ähnliche Strukturen dar. Die Größe jener Einrichtung variiert, jedoch sind 70% aller Menschen mit geistiger oder Mehrfachbehinderung in Einrichtungen untergebracht, welche über mehr als 40 Heimplätze verfügen. Des Weiteren befinden sich 30% der eben Genannten in Großeinrichtungen mit mehr als 200 Plätzen (Röh, 2009, S. 82). Dementsprechend ist es für einen Großteil der in Deutschland lebenden Menschen mit Behinderung die Norm in Wohnheimen untergebracht zu sein. Doch was bedeutet Wohnen und Wohnraum für den Menschen? Und welcher Bezug kann zum Empowerment hergestellt werden? Es gehört zu den Grundbedürfnissen des Menschen über eine Wohnung zu verfügen – doch Wohnräume existieren meist schon – es liegt am Menschen diese zu gestalten und sich eigen zu machen (Röh, 2009, S. 81). Im Falle des Empowerments lässt sich hierbei schlussfolgern, dass es von großer Wichtigkeit ist, Menschen mit Behinderung, welche beispielsweise aus dem familiären Wohnraum in eine Wohneinrichtung der Behindertenhilfe ziehen, Gestaltungsfreiheiten bezüglich ihrer neuen Unterkunft zu gewähren und sie hierbei nach Möglichkeit zu unterstützen. Der Auszug aus dem familiären Bereich stellt eine große Umstellung für den Menschen dar, bezüglich behinderter Menschen findet er – unter anderem - auch in keinem freiwilligen Rahmen statt. Es ist daher wichtig, das Kontrollgefühl des Betroffenen aufrechtzuerhalten. Ein weiterer die stationäre Behindertenhilfe betreffender Aspekt ist die des bereits erläuterten Sonderraumes. Menschen mit Behinderung bewegen sich aufgrund ihrer Unterbringung in Wohnheimen in genau solch einem. Es ist daher ebenfalls sozialarbeiterische Aufgabe und Herausforderung, Möglichkeiten zu finden, die Grenzen jener Sonderräume zu überbrücken und Menschen mit Behinderung eine allgemeine Teilhabe an der Gesellschaft zu ermöglichen. Da Inklusion nicht Gegenstand dieser Seminararbeit ist, folgt nur ein kurzer Exkurs: „Der zentrale Anspruch von Inklusion – Teilhabe für alle Menschen in sozialen Verhältnissen der Differenz und sozialen Ungleichheiten zu realisieren und die Beteiligten dabei nicht auf einen gemeinsamen Nenner homogener Normalitätsvorstellungen bringen zu müssen..." (Spatscheck, 2017, S.11). Sprich, jeder soll teilhaben können und dabei er selbst bleiben. Dies stellt natürlich für Menschen mit Behinderung eine große Herausforderung dar. Schließlich werden sie, wie bereits aufgeführt, als nicht der Norm entsprechend angesehen und Sonderräume wie beispielsweise Wohnheime bestärken dies. Empowerment sollte den Menschen dabei helfen, den Weg in die Teilhabe zu meistern – die Frage, wie dies möglich ist soll im Folgenden aufgegriffen werden.

Die Hindernisse bei der Durchsetzung des Empowerment-Konzeptes beginnend oftmals bereits bei der Bereitschaft des Klienten in den Empowerment-Prozess zu treten. Zuerst einmal das Merkmal der Demoralisierung und mangelhaften Selbstwirklichkeitserwartung. Diese schließt sich aus der von Entmutigung und erlernter Hilflosigkeit gezeichneten Biografie zahlreicher Klienten. Mit Regelmäßigkeit ist ihnen aufgezeigt worden, dass sie nur über wenig Einfluss beziehungsweise Kontrolle (siehe Fazit Empowerment) der Umstände und Gestaltung ihres Lebens verfügen, stattdessen liegen diese Einflusspunkte in den Händen anderer – es besteht ein hohes Maß an Fremdbestimmung und bisherige Versuche eines Austretens aus dieser Machtlosigkeit sind mit stetigen Misserfolgen verbunden. Die betroffenen Menschen fühlen sich in ihren Unzulänglichkeiten gefangen und sehen in weiteren Ansätzen die Zügel wieder selbst in die Hand zu nehmen keine Hoffnung mehr. Dies führt zu einer tiefgreifenden Demoralisierung, welche einen hohen psychischen Energiedefizit mit sich bringt. Grundlegende Aufgaben stellen nun überwältigende Herausforderungen dar und der Empowerment-Prozess sowie die mit ihm einhergehenden Veränderungen und das erforderliche Maß an Selbstarbeit wirken schlicht unmöglich. Wie soll beispielsweise ein Mensch mit Behinderung, dessen bisherige Lebenswelt dauerhaft geprägt wurde von Unterschätzung und Herabsetzung den Glauben an sich selbst besitzen, noch Veränderungen vollführen zu können (Vgl. Herriger, 2010, S.87)? Eine mögliche Antwort auf diese Frage stellt das „Motivational Interviewing" dar. Hierbei handelt es sich um eine Art der Gesprächsführung, welche sich auf den Klienten fokussiert und dessen Motivationssteigerung zum Ziel hat. Dabei wird vor allem Wert auf Respekt und Achtung der Autonomie des Klienten gelegt und dadurch eine bestärkende Atmosphäre geschaffen, die eine gleichberechtigte Beziehung zwischen Sozialarbeiter und Klient mit sich bringt. Dies soll die Ermutigung des Klienten fördern und ihm somit ermöglichen, die Vor- und Nachteile seines Verhaltens zu ergründen und daraus Schlüsse für eine Veränderung zu ziehen bzw. zu vollführen. Hierbei kann ein Bezug auf drei handlungsleitende Grundüberzeugungen festgemacht werden:

Dem Ambivalenz-Modell liegt die Annahme zugrunde, dass es dem Menschen keinesfalls an Motivation mangelt, stattdessen jedoch Ambivalenz im Wege steht. Ambivalenz in diesem Kontext beschreibt den gleichzeitigen Widerspruch aus Drang zur Veränderung und Überwältigung des damit einhergehenden Aufwands. Menschen mit Behinderung sind beispielsweise davon betroffen, ihre Lebenssituation zwar ändern zu wollen, jedoch die Umstände ihrer Einschränkung als derart groß eingeschätzt werden, dass es ihnen unmöglich erscheint, ernsthafte Veränderungen vorzunehmen, geschweige denn zu versuchen. Es besteht ein Vergleich aus Nutzen und Kosten, wobei die Seite der Kosten vom Klienten meist als sehr viel stärker als die des Nutzens wahrgenommen wird. Es ist nun mehr die Aufgabe des Sozialarbeiters die Realität dieser metaphorischen Waagschale aus Nutzen und Kosten gemeinsam mit dem Klienten aufzuschlüsseln und diesen dahingehend zu fördern, dass er den eigenen Willen für eine Motivation zur Veränderung aufbringen kann (Vgl. Herriger, 2010, S. 90).

Ein zweiter Aspekt des „motivational interviews" ist die Annahme, dass jeder Klientel über produktives Veränderungspotenzial verfügt und es in seinen Fähigkeiten liegt dieses zu formulieren und auf sich selbst beziehen zu können. Der Sozialarbeiter nimmt bei diesem Aspekt die Rolle eines Beraters ein, dessen Ziel es ist, die Pro-Veränderungsseite des Klienten zu wecken, diesem jedoch keine Lösungen vorzuhalten – vielmehr ist es die Aufgabe des

Klienten selbst, Lösungsansätze für sich selbst zu finden und zu formulieren. Der Berater tritt verstärkend auf. Es werden Parallelen zum reflexiven Zugang des Empowerment-Konzepts klar (Vgl. Herriger, 2010, S. 90).

Der dritte Aspekt beruht auf dem Respekt gegenüber dem Selbstbestimmungsrecht des Klienten. Zu keinem Zeitpunkt darf hiermit gebrochen werden, da Zwang und Interventionen den Klienten schnell in jene Umstände werfen, welche zuvor seine Machtlosigkeit hervorriefen. „Widerstand gegen das Eingeständnis der eigenen Lebensprobleme, Bagatellisierung und Verleugnung werden im „Motivational Interviewing" somit nicht als Ausdruck eines defektiven Persönlichkeitsmerkmals interpretiert („Beratungsassistenz"; "mangelnde Mitwirkungsbereitschaft"), sondern als die Folge von Autonomie- und Grenzverletzungen durch den Berater, also die „Beziehungsdissonanz". Offenheit für die Sichtweisen, Ziele und Handlungspräferenzen des Klienten hingegen minimieren den Widerstand" (Herriger, 2010, S. 90).

Im Hinblick auf die erläuterten Aspekte folgt nun das methodische Vorgehen, welches sich in zwei Phasen unterteilt: In der ersten Phase gilt es dem Klienten dauerhafte Motivation zur Veränderung aufzubauen beziehungsweise diese zu verstärken. Die zweite Phase schließt die Strukturierung und den Ablauf des Prozesses ein, welcher durchlaufen werden soll, um gesteckte Ziele zu erreichen. Ein praktisches Beispiel für ein Motivational Interviewing im Rahmen der stationären Behindertenhilfe wäre die inhaltliche Erarbeitung eines integrierten Teilhabeplans (ITP) für Menschen mit Behinderung. Bei einem ITP handelt es sich um „ein Instrument der Bedarfsermittlung von Menschen mit Behinderungen auf Grundlage persönlicher Zielsetzungen, Ressourcen und Beeinträchtigungen (Ministerium für Arbeit, Soziales, Gesundheit, Frauen und Familie, ITP Thüringen, 2020, S.1). Die Möglichkeiten eines ITP liegen hierbei darin, dass der Klient sich eigene Ziele stecken und diese mit seinem Betreuer absprechen kann. Beide tauschen sich über das Erreichen der Ziele aus, der Betreuer nimmt hierbei eine unterstützende Funktion ein. Die Ziele werden jeweils für einen bestimmten Zeitraum gesetzt und bei der Erstellung des nächsten ITPs ausgewertet und gegebenenfalls angepasst. Hierbei können dem Klienten die Erfolge, die er durch eine selbstgesteckte Struktur verbuchen konnte, klar aufgezeigt und dementsprechend Motivation geschöpft werden. Dies kann als wertvolle Möglichkeit des Empowerment-Konzepts gewertet werden, doch es gibt gleichfalls Grenzen - so wird schnell eine Abhängigkeit zwischen dem Erfolg des beschriebenen Ansatzes und der jeweiligen Behinderung des Betroffenen offensichtlich. Eine starke kognitive Einschränkung setzt klare Grenzen für den Erfolg dieses Aspektes: Um ein „Motivational Interview" führen zu können, muss es in erster Linie möglich sein, mit dem

Klienten kommunizieren zu können. Die hohe Individualität dieses Aspekts ist bei jedem Klienten mit großer Wichtigkeit zu beachten.

Die ressourcenorientierte Funktionalität des ITPs kann ebenfalls als Beispiel für den nächsten Punkt herangezogen werden:

4.1 Ressourcendiagnostik

Ein wichtiger Gegenstand der sozialarbeiterischen Praxis stellt das Feld der „Ressourcen" dar, welches bereits während der Besprechung der vier Zugänge des Empowerment-Konzeptes seine Relevanz offenbarte. Zwar wurde dort bereits die Wichtigkeit der Abrufung dieses Aspektes beleuchtet, jedoch nicht geklärt, worum es sich genau bei diesem Feld handelt. Ebenso wie es bereits auf Empowerment und Behinderung zutraf, so existiert auch für die „Ressourcen" keine klare Definition – trotz einer stetig steigenden Popularität des Begriffs. Nestmann schreibt hierzu: „Letztlich alles, was von einer Person bestimmten Person, in einer bestimmten Situation wertgeschätzt und/oder als hilfreich erlebt wird, kann als eine Ressource betrachtet werden" (Nestmann, 1996, S. 362). Es zeigt sich also, dass Ressourcen äußerst kontextabhängig sind. Herriger schlussfolgert drei Definitionselemente: Zum einen sind Ressourcen aufgabenabhängig, anstatt eine allgemeine Wirksamkeit auszuüben. Dementsprechend wird ihr Nutzwert von der Effektivität ihrer Funktionalität bestimmt. Außerdem können sie erst als „Ressourcen" gefasst werden, sofern sie als solche innerhalb des Prozesses von der jeweiligen Person wahrgenommen werden (Vgl. Herriger, 2010, S. 92).

Im Folgenden möchte ich zwei Bereiche der Ressourcendiagnostik beleuchten: Die Erstdiagnostik und Hilfeplanung kommt während des Verlaufs eines Erstgesprächs zum Tragen. Hierbei werden sich zwei Ziele gesteckt. Zum einen sollen dem Klienten zugehörige Bewältigungsressourcen in den Prozess eingegliedert, zum anderen verlorene Ressourcen – wie beispielsweise Selbstvertrauen - wieder reaktiviert werden. Die in Folge des Erstgesprächs durchgeführte Hilfeplanung bedarf einer genauen Erfassung und Dokumentierung. Im bereits genannten Beispiel des Integrierten Teilhabeplans nimmt dieser Aspekt unter dem Punkt „Personenbezogene Ressourcen" einen wichtigen Punkt ein. Fähigkeiten beziehungsweise Ressourcen wie beispielsweise „Antrieb", „Aufmerksamkeit" oder „Beziehungskompetenz" müssen nach zugehöriger Beeinträchtigung bewertet werden, wobei dieser Bewertung ein genau festgeschriebener Maßstab zugehörig ist. Die jeweils neuvorgenommene Festlegung dieser Attribute bei der Erneuerung des Teilhabeplans ermöglicht einen Vergleich zur Ressourcenentwicklung und das Erstellen einer Bilanz. Hieraus können Schlüsse für beispielsweise weitere Zielsetzungen oder Anpassung ebenjener Ziele gezogen werden. Es entsteht ein Kompetenzinventar. Dieses kommt im zweiten Bereich der Ressourcendiagnostik zum Tragen. Während des Prozesszeitraums kann es zur Evaluation herangezogen werden, wobei der Klient nun in Eigenreflexion Schlüsse auf seine bisherigen Erfolge, Misserfolge und die dafür zuständigen Gründe ziehen kann. Ein steter Abgleich ermöglicht hierbei auch eine Neuorganisation des Verfahrens, sofern dies erforderlich sein sollte. Um eine weitere Bemächtigung des Klienten durchzuführen, könnte dieser unabhängig von seinem Betreuer eine Eigenevaluation durchführen. Dies würde mehrere Vorteile mit sich bringen: Zum einen würde es die Partizipation des Klienten stärken und daraus resultierend seine Selbstreflexion ausbauen, zum anderen würde es den Vergleich zwischen Fremd- und Eigenevaluation des Klienten ermöglichen, was weitere Schlüsse auf den Prozess zulassen würde. Worin liegen nun die Möglichkeiten und Grenzen der Ressourcendiagnostik?

Auf der einen Seite können die aus der Diagnostik gezogenen Schlüsse zu einer Strukturierung und Individualisierung des Empowerment-Prozesses maßgeblich beitragen. Sie steigern somit also die Effizienz des Vorgangs und beziehen gleichzeitig den Klienten mit ein – diesem wird die Eigenreflexion möglich gemacht, welche selbst als Ressource gezählt werden kann. Auf der anderen Seite stellen mögliche kognitive Einschränkungen des Klienten eine mögliche Grenze des Schaffens dar. Ebenso wichtig sei es anzumerken, dass die Evaluation verschiedener Ressourcen - wie beispielsweise im integrierten Teilhabeplan aufgeführt- zwar Maßstäben unterliegt, die Interpretation dieser Maßstäbe jedoch trotzdem individuell ausfallen kann. Die Diagnostik unterliegt somit also einer Abhängigkeit durch die Wahrnehmung des sie durchführenden Sozialarbeiters. Natürlich birgt die Thematik der Ressourcendiagnostik weitaus mehr Tiefe, als hier veranschaulicht. Eine tiefgreifendere Ausarbeitung würde jedoch den von dieser Seminararbeit gesteckten Rahmen sprengen.

5 Fazit

Die vorliegende Seminararbeit bot einen Einblick in die komplexe Thematik des Empowerment-Konzepts in Bezug auf Menschen mit Behinderung. Der hohe Stellenwert und das Potenzial, welches Empowerment in der Praxis der Sozialen Arbeit einnimmt wurden verdeutlicht. Insbesondere in der Arbeit mit behinderten Menschen sollte es von großer Wichtigkeit sein, ein Verständnis über Prozesse der Bemächtigung zu besitzen und dieses auch vermitteln zu können. Eine weitere Verbreitung des Konzeptes würde die Erprobung innerhalb der Praxis vervielfältigen und das Lösen sozialer Probleme beschleunigen. Es war mir wichtig aufzuzeigen, mit welch großer Anzahl von Barrieren behinderte Menschen sich in ihrem Leben konfrontiert sehen und ebenso aufzuzeigen, dass es sich bei ihnen zwar um eine Minorität, jedoch ebenso fast um ein Zehntel unserer Bevölkerung handelt. In meinen Augen ist dieses Zehntel trotz ihrer großen Menge fast unsichtbar und meine bisherigen Erfahrungen haben verdeutlicht, dass der schlichte Umgang mit Behinderung für viele etwas sehr Ungewohntes und auch Unangenehmes darstellt – Sonderräume verstärken weiterhin dieses Problem. Empowerment hilft dem ab: Bemächtigung, Selbstbewusstsein und Autonomie befähigen den Menschen dazu Brücken über die Grenzen gesellschaftlicher Sonderräume zu schlagen und jene Grenzen so zu verschieben, dass kein Platz mehr bleibt einander mit Vorurteilen zu betrachten. Zwar offenbart sich dieses großartige Potenzial, ebenso werden aber auch die zahlreichen Barrieren auf dem Weg des Gelingens deutlich. Die Arbeit mit jedem Menschen fällt höchstindividuell aus, eine Behinderung vereinfacht die Vielfältigkeit des Menschen nicht – sie kann jedoch dazu beitragen, dass diese weniger ersichtlich wird. Selbstverständlich darf dies nicht der Fall sein und es wäre eine interessante Aufgabe sich in der Zukunft noch mehr mit den Möglichkeiten und Grenzen des Empowerments auseinanderzusetzen und Thematiken tiefergreifend zu bearbeiten, als es der Rahmen dieser Arbeit zuließ. Dies bietet sich vor allem in Wechselwirkung mit praktischen Erfahrungen und Forschungen an, denn der Theorie sind in diesem Feld klare Grenze gesetzt. Für mich persönlich hat das Thema einen neuen Blickwinkel auf die Soziale Arbeit ermöglicht und ebenso den Wunsch erweckt das Aufgearbeitete selbst zu erproben, sich weiterhin kritisch damit auseinanderzusetzen und meine Professionalität auszubauen.

Literaturverzeichnis

Herriger, N (2010). Empowerment in der Sozialen Arbeit – eine Einführung (4. Auflage). Stuttgart: Kohlhammer

Lindmeier, B; Lindmeier, C (2012). Pädagogik bei Behinderung und Benachteiligung. Stuttgart: Kohlhammer

Cloerkes, G (2007). Soziologie der Behinderten (3. Auflage). Heidelberg: Universitätsverlag Winter GmbH Heidelberg

Bundesministerium für wirtschaftliche Zusammenarbeit und Entwicklung (2024). Abgerufen am 24. Februar 2024 von https://www.bmz.de/de/themen/rechte-menschen-mit-behinderungen/definition-behinderung-20364

Nestmann, F. (1996). Psychosoziale Beratung. Ein ressourcentheoretischer Entwurf. In: Herriger, N. (2010). Empowerment in der Sozialen Arbeit – eine Einführung (4. Auflage). Stuttgart: Kohlhammer, S. 94

Ministerium für Arbeit, Soziales, Gesundheit, Frauen und Familie (2024). ITP-Bogen Erwachsene – Version 4.1

Spatscheck, C. (2017). Inklusion und Soziale Arbeit Berlin & Toronto: Barbara Budrich

BEI GRIN MACHT SICH IHR WISSEN BEZAHLT

- Wir veröffentlichen Ihre Hausarbeit, Bachelor- und Masterarbeit

- Ihr eigenes eBook und Buch - weltweit in allen wichtigen Shops

- Verdienen Sie an jedem Verkauf

Jetzt bei www.GRIN.com hochladen und kostenlos publizieren